Mis primeras palabras en inglés

© 1991, Ediciones Hemma
"D. R." © 1992 por Ediciones Larousse, S. A. de C. V.
PRIMERA EDICIÓN. — Primera reimpresión
ISBN: 2-8006-1479-X (Hemma)
ISBN: 970-607-187-3 (Larousse)
Impreso en México — Printed in Mexico

Mis primeras palabras
en inglés

Ilustraciones de
Nadine Piette

Ediciones HEMMA

a

abeja
bee

águila
eagle

a

árbol
tree

aguja
needle

azul
blue

a

avión
plane

ardilla
squirrel

b

bandera
flag

búho
owl

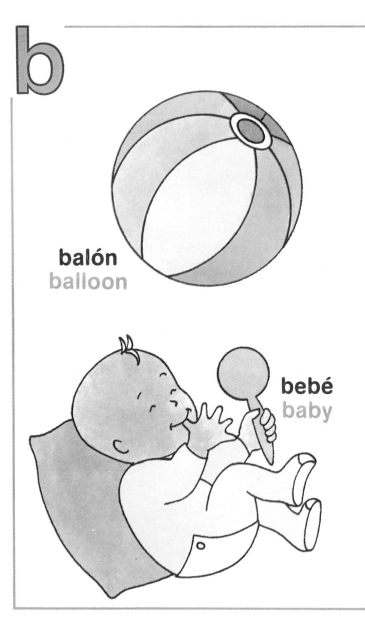

b

balón
balloon

bebé
baby

b

bufanda
scarf

ballena
whale

barco
boat

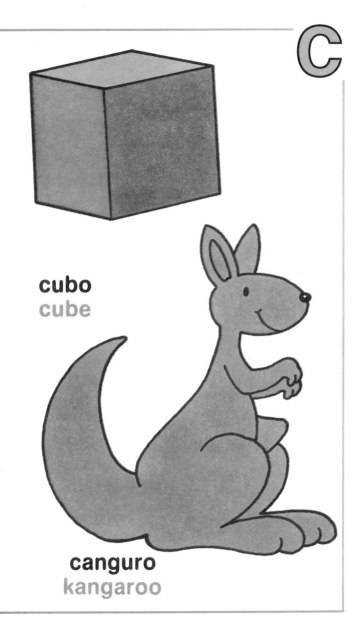

cubo
cube

canguro
kangaroo

C

conejo
rabbit

caracol
snail

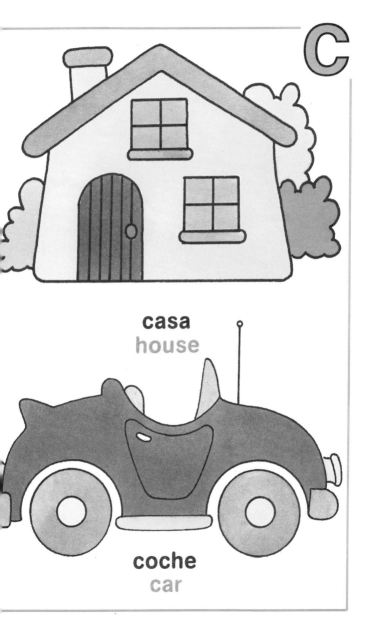

casa
house

coche
car

C

cuervo
crow

circo
circus

d

dado
die

dedal
thimble

durazno
peach

d

dos
two

delfín
dolphin

dragón
dragon

d

dominó
domino

diadema
diadem

duende
goblin

e

elefante
elephant

escalera
ladder

estrella
star

espejo
mirror

erizo
hedgehog

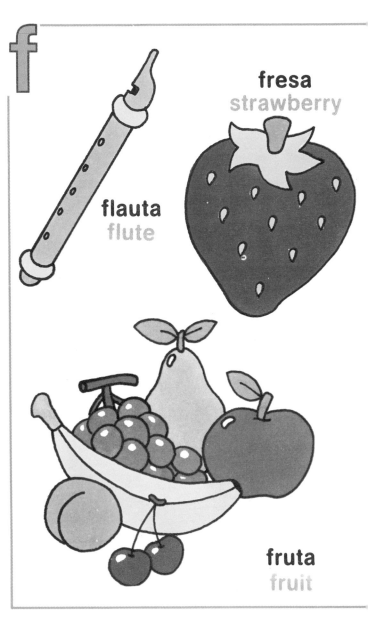

fábrica
factory

g

gato
cat

gallo
cock

g

guitarra
guitar

gorro
cap

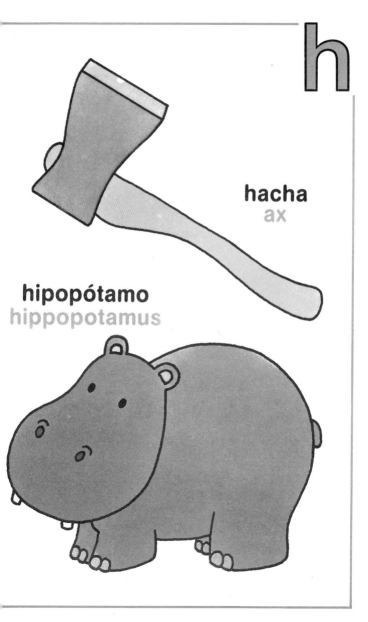

h

hacha
ax

hipopótamo
hippopotamus

h

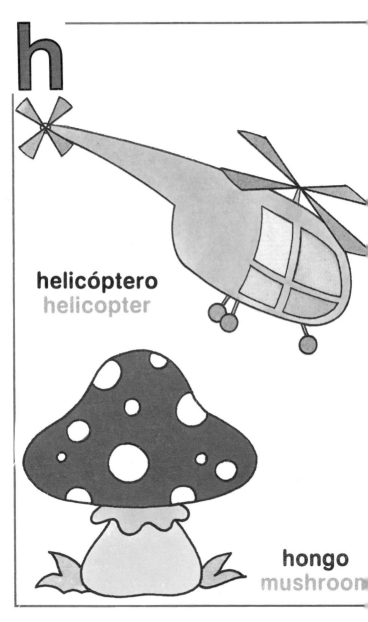

helicóptero
helicopter

hongo
mushroom

iglú
iglú

iguana
iguana

j

juguetes
toys

j

jirafa
giraffe

k

koala
koala

kimono
kimono

león
lion

libro
book

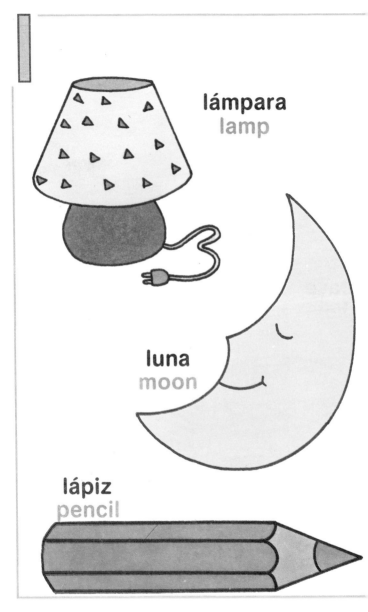

lámpara
lamp

luna
moon

lápiz
pencil

llave
key

lluvia
rain

llama
llama

m

moto
motorcycle

mariposa
butterfly

m

muñeca
doll

mesa
table

m

mono
monkey

manzana
apple

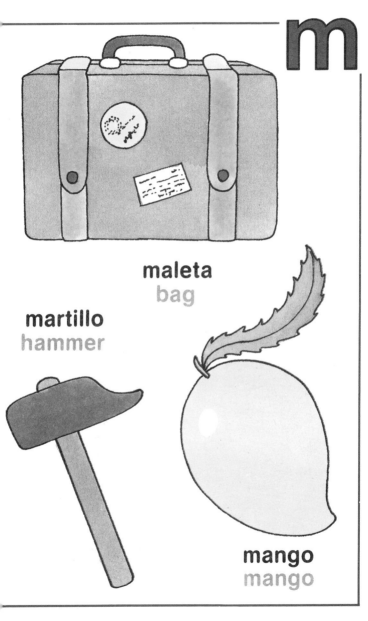

m

maleta
bag

martillo
hammer

mango
mango

n

nube
cloud

niña
girl

negro
black

n

naranja
orange

nueve
nine

9

nido
nest

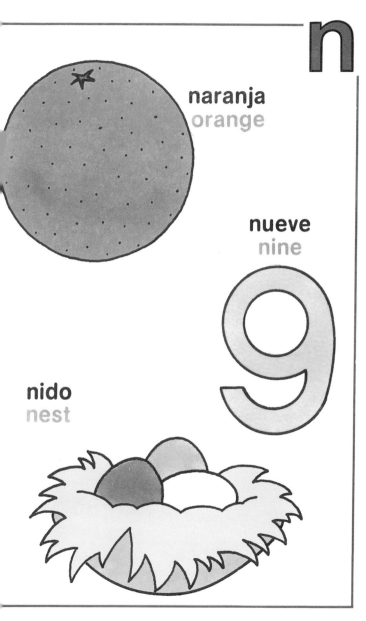

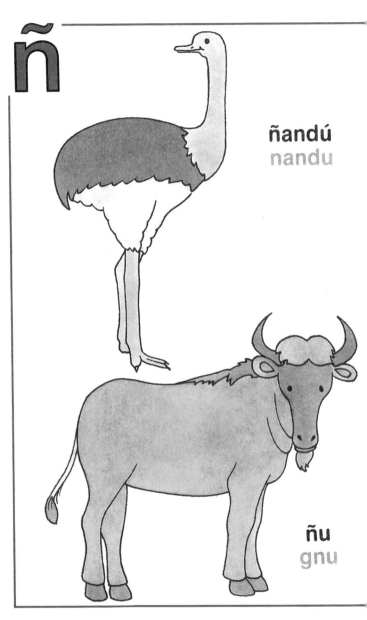

ñ

ñandú
nandu

ñu
gnu

8 ocho
eight

O

oruga
caterpillar

oso
bear

p

pingüino
penguin

pollito
chick

plátano
banana

p

pino
pine

pájaro
bird

p

perro
dog

panda
panda

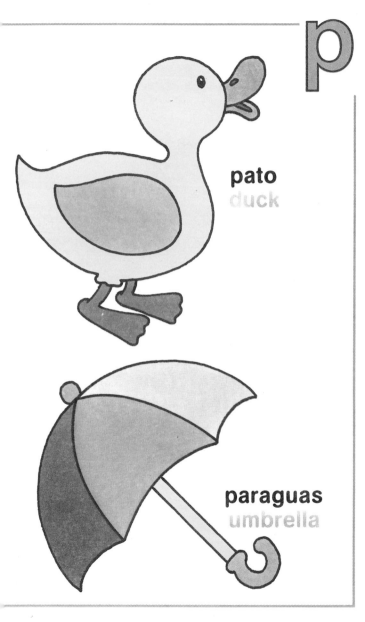

p

pato
duck

paraguas
umbrella

payaso
clown

quinteto
quintet

r

rana
frog

ratón
mouse

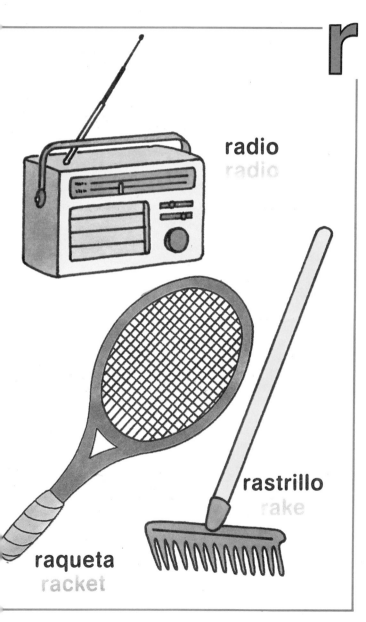

r

radio
radio

raqueta
racket

rastrillo
rake

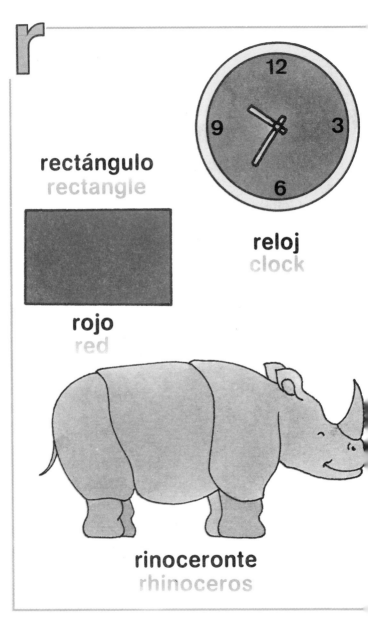

r

rectángulo
rectangle

reloj
clock

rojo
red

rinoceronte
rhinoceros

S

sol
sun

silla
chair

seis
six

t

teléfono
telephone

tortuga
tortoise

t

tornillo
screw

tres
three

taza
cup

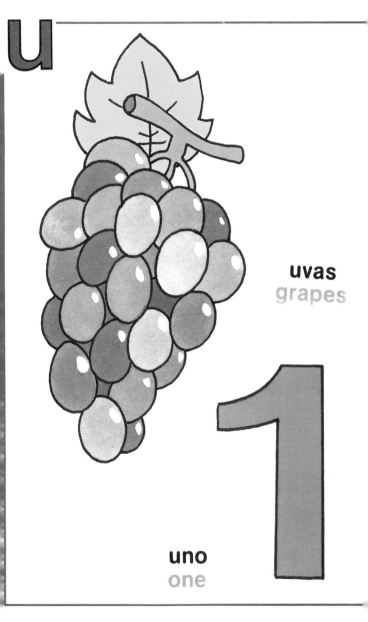

u

uvas
grapes

uno
one

1

V

vagón
wagon

vaca
cow

X

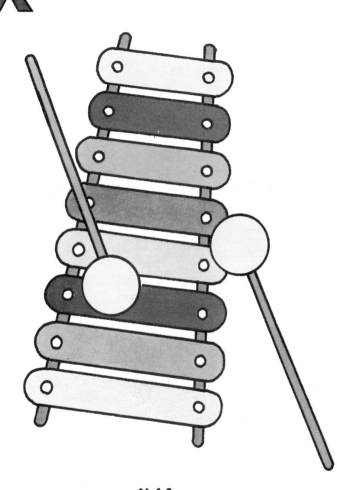

xilófono
xylophone

y

yate
yacht

yo-yo
yo-yo

yogurt
yoghurt

Z

zanahoria
carrot

zapato
shoe

zorro
fox